Sankt Martin ritt durch Schnee und Wind –
Das Liederbuch
Die 25 schönsten Laternenlieder

Gesammelt und herausgegeben von Stephen Janetzko

ISBN-10: 3957220610

ISBN-13: 978-3-95722-061-5

Inhaltsverzeichnis

Vorwort

Dies ist das Liederbuch zur gleichnamigen Laternen-CD von Kati Breuer zu Sankt Martin für alle Kindergruppen und zu Hause!
Natürlich ist es auch ohne die CD nutzbar.
Dieses Liederbuch enthält von „Laterne, Laterne" und „Durch die Straßen auf und nieder" über „Ein bisschen so wie Martin" und „Kommt, wir wolln Laterne laufen" bis hin zu „Das Licht geht auf die Reise" und „Brenn, Laterne" die 25 bekanntesten traditionellen sowie neuen Laterne-Lieder u.a. von Elke Bräunling, Kati Breuer, Eduard Döring, Marianne Garff, Manfred Grote, Lieselotte Holzmeister, Stephen Janetzko, Peter Janssens, Detlev Jöcker, Lore Kleikamp, Richard Rudolf Klein, Waldtraud Klein, Rolf Krenzer, Klaus Neuhaus, Heinrich Seidel, Walter Twellmann, Paul G. Walter, Horst Weber und Rolf Zuckowski.

Ein herzliches Dankeschön an alle beteiligten Autoren und Verlage.

Die Lieder sind in genau dieser Zusammenstellung separat als CD erhältlich, und zwar sowohl in gesungener Form als auch als Instrumentalausgabe.

Viel Freude beim Singen und Musizieren!

Stephen Janetzko

Sankt Martin ritt durch Schnee und Wind

Text und Musik: trad./Stephen Janetzko; CD "Sankt Martin ritt durch Schnee und Wind",
ISBN 978-3-95722-059-2; © Edition SEEBÄR-Musik Stephen Janetzko, www.kinderliederhits.de

2. Im Schnee saß, im Schnee saß,
im Schnee, da saß ein armer Mann,
hat Kleider nicht, hat Lumpen an.
"O helft mir doch in meiner Not,
sonst ist der bittre Frost mein Tod!"

3. Sankt Martin, Sankt Martin,
Sankt Martin zog die Zügel an,
Sein Ross stand still beim armen Mann.
Sankt Martin mit dem Schwerte teilt
den warmen Mantel unverweilt.

4. Sankt Martin, Sankt Martin,
Sankt Martin gab den halben still,
der Bettler rasch ihm danken will.
Sankt Martin aber ritt in Eil
hinweg mit seinem Mantelteil.

5. Sankt Martin, Sankt Martin,
Sankt Martin legt sich still zur Ruh,
da trat im Traum der Herr hinzu.
Der sprach: "Hab Dank, du Reitersmann,
für das, was du an mir getan."

Laterne
(Laterne, Laterne, komm leuchte für mich)

Text und Musik: Stephen Janetzko; CD "Sankt Martin ritt durch Schnee und Wind",
ISBN 978-3-95722-059-2; © Edition SEEBÄR-Musik Stephen Janetzko, www.kinderliederhits.de

Refrain.

2. Du schneidest Gesichter, wirfst Schatten so lang.
Wir bleiben zusammen, da wird mir nicht bang.
Du schneidest Gesichter, wirfst Schatten so lang.
Wir bleiben zusammen, da wird mir nicht bang.

Refrain.

3. Wir ziehn durch die Straßen in der Abendstund.
Du leuchtest so schön und so hell und so bunt.
Wir ziehn durch die Straßen in der Abendstund.
Du leuchtest so schön und so hell und so bunt.

Refrain.

4. wie 1.

Refrain.

Laterne, Laterne, Sonne, Mond und Sterne

Text und Musik: trad. aus Norddeutschland; Bearbeitung und Text 2.-5. Strophe: Stephen Janetzko;
CD "Sankt Martin ritt durch Schnee und Wind", ISBN 978-3-95722-059-2;
© Edition SEEBÄR-Musik Stephen Janetzko, www.kinderliederhits.de

Tempo: ca. 134

2. Laterne, Laterne, Sonne, Mond und Sterne.
Wenn es dunkel ist, wenn es dunkel ist,
Ja, dann seht ihr erst, wie schön das ist.

3. Laterne, Laterne, Sonne, Mond und Sterne.
Geh nicht aus, mein Licht, geh nicht aus, mein Licht,
Denn ich will es sehn, dein Angesicht.

4. Laterne, Laterne, Sonne, Mond und Sterne.
Und die Winde wehn, und die Winde wehn,
Laßt uns weiter, weiter, weitergehn.

5. Laterne, Laterne, Sonne, Mond und Sterne.
Und ein heller Schein, und ein heller Schein,
Ja, der soll für immer bei uns sein.

Das Licht geht auf die Reise

Text und Musik: Kati Breuer; CD "Sankt Martin ritt durch Schnee und Wind", ISBN 978-3-95722-059-2;
© Edition SEEBÄR-Musik Stephen Janetzko, www.kinderliederhits.de

2. Leise, ganz ganz leise
geht das Licht auf eine Reise,
leuchtet erst für mich und dann
kommt es auch bei dir bald an.
Leise, ganz ganz leise.
Leise, ganz ganz leise.

3. Leise, ganz ganz leise
geht das Licht auf eine Reise,
bringt uns warme Helligkeit
in die dunkle Jahreszeit.
Leise, ganz ganz leise.
Leise, ganz ganz leise.

4. Leise, ganz ganz leise
geht das Licht auf eine Reise,
geht von Hand zu Hand und dann
kommt es wieder vorne an.
Leise, ganz ganz leise.
Leise, ganz ganz leise.

Spielanregung:
Das Lied ist für den Beginn oder Ausklang
des Laternelaufens gedacht. Die Kinder
stehen im Kreis und geben während des
Singens eine Laterne von Hand zu Hand.

Ich geh mit meiner Laterne

Text: Stephen Janetzko; Musik: trad./Stephen Janetzko (Text und Musik: trad. aus Holstein;
Bearbeitung und Neutextierung: Stephen Janetzko); CD "Sankt Martin ritt durch Schnee und Wind",
ISBN 978-3-95722-059-2; © Edition SEEBÄR-Musik Stephen Janetzko, www.kinderliederhits.de

Tempo: ca. 162

2. Ich geh mit meiner Laterne ...
Mein Licht ist an, ich geh voran,
rabimmel, rabammel, rabumm!

3. Ich geh mit meiner Laterne ...
Bleib an, mein Licht, verlösch noch nicht,
rabimmel, rabammel, rabumm!

4. Ich geh mit meiner Laterne ...
Kommt mit uns heut, ihr lieben Leut,
rabimmel, rabammel, rabumm!

5. Ich geh mit meiner Laterne ...
Mein Licht geht aus und ich nach Haus,
rabimmel, rabammel, rabumm!

Weitere Strophen optional:
6. ...Du singst so toll, ganz wundervoll...
7. ...Laternenschein wird bei uns sein...
8. ...Es ist so schön, das anzusehn...
9. ...Hell ist das Licht, ich fürcht mich nicht...
10. ...Ich seh ganz fern den Abendstern...

Ein bisschen so wie Martin

Text: Elke Bräunling; Melodie: Paul G. Walter; CD "Sankt Martin ritt durch Schnee und Wind",
ISBN 978-3-95722-059-2; © Edition SEEBÄR-Musik Stephen Janetzko, www.kinderliederhits.de

2. Ein bisschen so wie Martin möcht ich manchmal sein
und ich will auch mit dir teilen,
wenn du rufst, schnell zu dir eilen
Nur ein bisschen, klitzeklein, möcht ich wie Sankt Martin sein.

3. Ein bisschen so wie Martin möcht ich manchmal sein
und ich will treu zu dir stehen,
mit dir auch zum Doktor gehen.
Nur ein bisschen, klitzeklein, möcht ich wie Sankt Martin sein.

4. Ein bisschen so wie Martin möcht ich manchmal sein
und ich will im Streit nicht leben,
dir die Friedenspfeife geben.
Nur ein bisschen, klitzeklein, möcht ich wie Sankt Martin sein.

5. Ein bisschen so wie Martin möcht ich manchmal sein
und ich werd´ dich nicht verpetzen
oder gegen andre hetzen.
Nur ein bisschen, klitzeklein, möcht ich wie Sankt Martin sein.

6. Ein bisschen so wie Martin möcht ich manchmal sein
und ich schenk dir mein Vertrauen,
du kannst immer auf mich bauen.
Nur ein bisschen, klitzeklein, möcht ich wie Sankt Martin sein.

Brenn, Laterne

Text und Musik: Stephen Janetzko; CD "Sankt Martin ritt durch Schnee und Wind",
ISBN 978-3-95722-059-2; © Edition SEEBÄR-Musik Stephen Janetzko, www.kinderliederhits.de

Refrain.

2. Durch die Straßen, durch die Stadt.
Wir laufen uns die Füße platt
Welch ein Heidenspaß!

Refrain.

3. Tausend Lichter überall,
die brennen auf dem Martinsball.
So ein schöner Tag!

Refrain.

Kommt, wir wolln Laterne laufen

Text und Musik: Rolf Zuckowski; Original aus: Die Jahresuhr, 1992.
Alle Rechte: © by MUSIK FÜR DICH Rolf Zuckowski OHG (Sikorski Musikverlage), Hamburg.
Auf der CD von Kati Breuer: "Sankt Martin ritt durch Schnee und Wind", ISBN 978-3-95722-059-2;
Notensatz & CD: Kinderlieder-Shop Stephen Janetzko, Erlangen, www.kinderliederhits.de

3. Kommt, wir wolln Laterne laufen,
heute bleibt das Fernsehn aus.
Kommt, wir wolln Laterne laufen,
keiner bleibt zu Haus.

4. Kommt, wir wolln Laterne laufen,
nein, wir fürchten nicht die Nacht.
Kommt, wir wolln Laterne laufen,
das wär doch gelacht.

Refrain: Hell wie Mond und Sterne ...
Jeder soll uns hören ...

5. Kommt, wir wolln Laterne laufen,
bis das letzte Licht verglüht.
Kommt, wir wolln Laterne laufen,
singt mit uns das Lied:

Refrain: Hell wie Mond und Sterne ...
Das ist allerhand!

Laternenzeit, Laternenzeit

Text und Musik: Kati Breuer; CD "Sankt Martin ritt durch Schnee und Wind", ISBN 978-3-95722-059-2;
© Edition SEEBÄR-Musik Stephen Janetzko, www.kinderliederhits.de

2. Im Herbst, da kommt die Dunkelheit
schon früh am Nachmittag;
und es beginnt die schöne Zeit,
die jedes Kind gern mag:
Laternenzeit, Laternenzeit,
wir tragen unser Licht
gemeinsam durch die Dunkelheit,
man übersieht uns nicht.
Laternenzeit, Laternenzeit...

3. Im Herbst, da kommt die Dunkelheit
schon früh am Nachmittag;
und es beginnt die schöne Zeit,
die jedes Kind gern mag:
Laternenzeit, Laternenzeit,
es leuchtet unser Licht,
bringt Wärme, Freude, Helligkeit
und es verlöscht uns nicht.
Laternenzeit, Laternenzeit...

Durch die Straßen auf und nieder

Text: Lieselotte Holzmeister, Melodie: Richard Rudolf Klein; Fidula-CD 4427 "Martinslieder und Laternentänze"
Alle Rechte: Fidula-Verlag Holzmeister GmbH, Boppard, www.fidula.de;
Auf der CD von Kati Breuer: "Sankt Martin ritt durch Schnee und Wind", ISBN 978-3-95722-059-2;
Notensatz & CD: Kinderlieder-Shop Stephen Janetzko, Erlangen, www.kinderliederhits.de

2. Wie die Blumen in dem Garten
blühn Laternen aller Arten:
Rote, gelbe, grüne, blaue.
Lieber Martin, komm und schaue!

3. Und wir gehen lange Strecken
mit Laternen an den Stecken:
Rote, gelbe, grüne, blaue.
Lieber Martin, komm und schaue!

Martinslied (Laterne, leuchte, leuchte hell)

Text: Stephen Janetzko, Musik: Thomas Kornfeld; CD "Sankt Martin ritt durch Schnee und Wind",
ISBN 978-3-95722-059-2; © Edition SEEBÄR-Musik Stephen Janetzko, www.kinderliederhits.de

2. Sankt Martin, reite stets voraus,
wir Kinder folgen dann.
Dein Mantel wärmt tagein, tagaus
den armen Bettlersmann.
Dein Mantel wärmt tagein, tagaus
den armen Bettlersmann,
den armen Bettlersmann.

3. Und alle Sterne strahlen nun
am großen Firmament.
Wenn Menschen Menschen Gutes tun
und die Laterne brennt.
Wenn Menschen Menschen Gutes tun
und die Laterne brennt,
und die Laterne brennt.

Ein armer Mann (Sankt Martins Lied)

Text: Rolf Krenzer; Musik: Peter Janssens; Original aus: Kommt alle und seid froh, 1982.
Alle Rechte: Peter Janssens Musik Verlag, Telgte, www.peter-janssens.de;
Auf der CD von Kati Breuer: "Sankt Martin ritt durch Schnee und Wind", ISBN 978-3-95722-059-2;
Notensatz & CD: Kinderlieder-Shop Stephen Janetzko, Erlangen, www.kinderliederhits.de

Tempo: ca. 116

2. Ihm ist so kalt. Er friert so sehr.
Wo kriegt er etwas Warmes her?
Er hört kein gutes Wort, und jeder schickt ihn fort.
Er hört kein gutes Wort, und jeder schickt ihn fort.

3. Der Hunger tut dem Mann so weh
und müde stapft er durch den Schnee.
Er hört kein gutes Wort, und jeder schickt ihn fort.
Er hört kein gutes Wort, und jeder schickt ihn fort.

4. Da kommt daher ein Reitersmann,
der hält sogleich sein Pferd hier an.
Er sieht den Mann im Schnee und fragt: "Was tut dir weh?"
Er sieht den Mann im Schnee und fragt: "Was tut dir weh?"

5. Er teilt den Mantel und das Brot
und hilft dem Mann in seiner Not
so gut er helfen kann. Sankt Martin heißt der Mann.
Er hilft so gut er kann, Sankt Martin heißt der Mann.

6. Zum Martinstag steckt jedermann
leuchtende Laternen an.
Vergiss den anderen nicht, drum brennt das kleine Licht.
Vergiss den anderen nicht, drum brennt das kleine Licht.

Laterne - zeige mir den Weg

Text und Musik: Stephen Janetzko; CD "Sankt Martin ritt durch Schnee und Wind",
ISBN 978-3-95722-059-2; © Edition SEEBÄR-Musik Stephen Janetzko, www.kinderliederhits.de

Tempo: ca. 168

Refrain.

2. Du strahlst in verschiedenen Farben:
   Gelb, rot, blau und grün.
   Ach, könnte ich immer dich tragen,
   das wäre so schön.

Refrain.

Hinweis: Statt C-5 kann auch einfach
C-Dur gespielt werden!

Purzmurzel (Ein neues Laternenlied)

Text: Marianne Garff; Musik: Waldtraud Klein; © Bärenreiter-Verlag, Kassel;
Auf der CD von Kati Breuer: "Sankt Martin ritt durch Schnee und Wind", ISBN 978-3-95722-059-2;
Notensatz & CD: Kinderlieder-Shop Stephen Janetzko, Erlangen, www.kinderliederhits.de

2. Laterne, Laterne, leuchtet wie die Sterne.
Purzmurzel heißt der erste Wicht,
der geht voran mit der Latücht.

3. Laterne, Laterne, leuchtet wie die Sterne.
Der zweite, der heißt Kiekinpott,
der wandert wacker mit im Trott.

4. Laterne, Laterne, leuchtet wie die Sterne.
Der dritte heißt Klasklumdibum,
der guckt sich nach dem vierten um.

5. Laterne, Laterne, leuchtet wie die Sterne.
Der vierte, der ist lüelütt
und heißt Hans Jochen Winzelpütt.

Wir tragen unsre Laternen (Laternenlied)

Text: Lore Kleikamp, Melodie: Detlev Jöcker;
Alle Rechte: Menschenkinder Verlag, D-48157 Münster, www.menschenkinder.de;
Auf der CD von Kati Breuer: "Sankt Martin ritt durch Schnee und Wind", ISBN 978-3-95722-059-2;
Notensatz & CD: Kinderlieder-Shop Stephen Janetzko, Erlangen, www.kinderliederhits.de

Tempo: ca. 128

2. Wir tragen unsre Laternen und lachen uns fröhlich an.
Wir tragen unsre Laternen, weil jeder sich freuen kann.
Der Mond...

3. Wir tragen unsre Laternen und sind auch noch gar nicht müd.
Wir tragen unsre Laternen und singen von vorn unser Lied.
Der Mond...

Abends, wenn es dunkel wird

Text: Heinrich Seidel (1842-1906); Melodie: Walter Twellmann; Fidula-CD 4427 "Martinslieder und Laternentänze". Alle Rechte: Fidula-Verlag Holzmeister GmbH, Boppard, www.fidula.de;
Auf der CD von Kati Breuer: "Sankt Martin ritt durch Schnee und Wind", ISBN 978-3-95722-059-2;
Notensatz & CD: Kinderlieder-Shop Stephen Janetzko, Erlangen, www.kinderliederhits.de

2. Plötzlich aus dem Wolkentor
kommt der gute Mond hervor,
wandelt seine Himmelsbahn,
wie ein Hauptlaternenmann.
Leuchtet bei dem Sterngefunkel,
lieblich aus dem blauen Dunkel:
Laterne, Laterne, Sonne, Mond und Sterne.

3. Ei, nun gehen wir nach Haus,
blasen die Laternen aus,
lassen Mond und Sternelein
leuchten in der Nacht allein,
bis die Sonne wird erwachen,
alle Lampen auszumachen:
Laterne, Laterne, Sonne, Mond und Sterne.

Kleines Laternenlied

Text und Musik: Stephen Janetzko; CD "Sankt Martin ritt durch Schnee und Wind",
ISBN 978-3-95722-059-2; © Edition SEEBÄR-Musik Stephen Janetzko, www.kinderliederhits.de

2. Laterne, Laterne, Laterne - du leuchtest so hell und so schön.
   Laterne, Laterne, Laterne - lass mich noch ein Stück mit dir gehn.
   Laterne, Laterne, Laterne - wir gehn durch die dunkelste Nacht.
   Laterne, Laterne, Laterne - nun schau, wie der Mond für uns lacht.

Spielanregung:
Dieses Lied kann nicht nur zum Laternenumzug gesungen werden,
sondern schon bei der Laternen-Bastelei - es ist ja auch viel schöner,
wenn wir unsere Laternen selbst hergestellt haben!
Das Lied stellt noch mal heraus, dass die Wahrnehmung eines selbst
hergestellten Gegenstands sehr viel stärker ist, da wir ja auch einen
persönlichen Bezug dazu haben.
Bei der Laterne mit ihrer großen Symbolkraft umso mehr.

Ich hab eine feine Laterne

Text und Melodie: Horst Weber; Fidula-CD 4427 "Martinslieder und Laternentänze"
Alle Rechte: Fidula-Verlag Holzmeister GmbH, Boppard, www.fidula.de;
Auf der CD von Kati Breuer: "Sankt Martin ritt durch Schnee und Wind", ISBN 978-3-95722-059-2;
Notensatz & CD: Kinderlieder-Shop Stephen Janetzko, Erlangen, www.kinderliederhits.de

2. Ich trag meine feine Laterne
ganz ruhig vor mir her;
ich hab sie ja so gerne,
sie wird mir nicht zu schwer.
Laternenlicht, verlösch noch nicht,
Laternchen leuchte hell.

Hoch über uns die Sterne

Text: Rolf Krenzer, Melodie: Detlev Jöcker;
Alle Rechte: Menschenkinder Verlag, D-48157 Münster, www.menschenkinder.de;
Auf der CD von Kati Breuer: "Sankt Martin ritt durch Schnee und Wind", ISBN 978-3-95722-059-2;
Notensatz & CD: Kinderlieder-Shop Stephen Janetzko, Erlangen, www.kinderliederhits.de

Tempo: ca. 120

2. Wir ziehn mit der Laterne, Sankt Martin hinterdrein.
Und jeder möcht so gerne, so wie Sankt Martin sein,
so gerne, so gerne, so wie Sankt Martin sein.

3. Einst traf er einen Armen, der lag im tiefen Schnee
und rief "Habt doch Erbarmen, ich friere, das tut weh!
Ich friere, ich friere! Ich friere, das tut weh!"

4. "Ich habe keine Kleider", so jammerte der Mann.
"Ach, reite doch nicht weiter!" Da hielt Sankt Martin an.
Nicht weiter, nicht weiter! Da hielt Sankt Martin an.

5. Den Mantel, seinen warmen, den schneidet er entzwei
und teilt ihn mit dem Armen und findet nichts dabei.
Dem Armen, dem Armen und findet nichts dabei.

6. Er hat ihn lieb von Herzen und hilft so gut er kann.
Drum zünden wir die Kerzen in den Laternen an.
Die Kerzen, die Kerzen in den Laternen an.

7. Wir ziehn mit der Laterne, Sankt Martin hinterdrein.
Und jeder möcht so gerne, so wie Sankt Martin sein,
so gerne, so gerne, so wie Sankt Martin sein.

Licht in der Laterne

Text und Melodie: Eduard Döring; Fidula-CD 4427 "Martinslieder und Laternentänze"
Alle Rechte: Fidula-Verlag Holzmeister GmbH, Boppard, www.fidula.de;
Auf der CD von Kati Breuer: "Sankt Martin ritt durch Schnee und Wind", ISBN 978-3-95722-059-2;
Notensatz & CD: Kinderlieder-Shop Stephen Janetzko, Erlangen, www.kinderliederhits.de

2. Alle Leut es sehen,
wenn wir Laterne gehen.
Rotes, grünes, goldnes Haus!
Lichtlein, Lichtlein, geh nicht aus!

3. Und wir Kinder singen,
dass alle Straßen klingen.
Rotes, grünes, goldnes Haus!
Lichtlein, Lichtlein, geh nicht aus!

4. Lasst von uns euch sagen:
du sollst ein Lichtlein tragen.
Rotes, grünes, goldnes Haus!
Lichtlein, Lichtlein, geh nicht aus!

Meine Laterne

Text und Musik: Stephen Janetzko; CD "Sankt Martin ritt durch Schnee und Wind",
ISBN 978-3-95722-059-2; © Edition SEEBÄR-Musik Stephen Janetzko, www.kinderliederhits.de

Tempo: ca. 168

Refrain.

2. Schau in der Nacht der helle Schein oben am Himmelszelt.
   Meine Laterne leuchtet heut über die ganze Welt.

Refrain.

3. Leuchte für Freundschaft und für Glück, leuchte für dich und mich.
   Leuchte für Frieden allezeit, das wünscht ein jeder sich!

Refrain.

Guten Abend, lieber Mond

Text und Musik: Klaus Neuhaus;
Alle Rechte: Aktive Musik Verlagsgesellschaft mbH, Dortmund, www.aktive-musik.de;
Auf der CD von Kati Breuer: "Sankt Martin ritt durch Schnee und Wind", ISBN 978-3-95722-059-2;
Notensatz & CD: Kinderlieder-Shop Stephen Janetzko, Erlangen, www.kinderliederhits.de

2. Guten Abend, lieber Mond
und ihr vielen Sterne,
seht mal her, ich leuchte auch
hell mit der Laterne.

3. Guten Abend lieber Mond
und ihr vielen Sterne,
scheint ihr mal nicht hell genug,
helfe ich euch gerne.

Ich schenk dir einen Stern

Text: Alexandra Gehrmann/Stephen Janetzko; Musik: Stephen Janetzko;
CD "Sankt Martin ritt durch Schnee und Wind", ISBN 978-3-95722-059-2;
© Edition SEEBÄR-Musik Stephen Janetzko, www.kinderliederhits.de

Refrain:
Ich schenk dir einen Stern,
ob du nah bist oder fern.
Sei ein Licht in dieser Zeit,
mach dich bereit
und leuchte weit.

1. In dieser dunklen Zeit,
Boten, macht euch bereit,
Sternenstaub leuchtet heut
in dieser dunklen Zeit -
Ich singe für die ganze Welt:

Refrain.
...und leuchte weit.

2. Schmückt euch mit Sternenstaub,
dass sich ein jeder traut.
Lass deine Wünsche frei,
sei einfach mit dabei -
Ich singe für die ganze Welt:

Refrain.
... und leuchte weit.

Bridge:
Sternenkinder dieser Zeit,
zeigt, was euch gefällt.
Sternenkinder dieser Zeit
leuchtet damit in die Welt!

Refrain:
Ich schenk dir einen Stern,
ob du nah bist oder fern.
Sei ein Licht in dieser Zeit,
mach dich bereit
und leuchte weit.
Ich schenk dir einen Stern,
ob du nah bist oder fern.
Sei ein Licht in dieser Zeit,
mach dich bereit
und leuchte weit,
und leuchte weit,
leuchte weit.

Nimm deine Träume

Text: Elke Bräunling, Musik: Stephen Janetzko; CD "Sankt Martin ritt durch Schnee und Wind",
ISBN 978-3-95722-059-2; © Edition SEEBÄR-Musik Stephen Janetzko, www.kinderliederhits.de

2. Abend für Abend
kannst die Sterne du sehn,
wie sie dir winken und blinken.
Auf nächtlicher Reise
bleiben nirgendwo sie stehn,
Auf weitem Weg, immer weiter.

Refrain: Weit, weit, so grenzenlos weit ...

3. Hell scheint das Mondlicht
durch dein Fenster herein,
lockt dich mit Glimmern und Schimmern.
Auf mystische Weise
lädt es dich zum Träumen ein,
zu einer Reise ganz leise.

Refrain: Weit, weit, so grenzenlos weit ...

Laternchen, Laternchen
(...ich trage dich am Stab)

Text: Stephen Janetzko; Musik: Kati Breuer; CD "Sankt Martin ritt durch Schnee und Wind",
ISBN 978-3-95722-059-2; © Edition SEEBÄR-Musik Stephen Janetzko, www.kinderliederhits.de

2. Am Himmel die Sterne,
sie lachen nur für uns.
||: Ein jeder leuchtet anders,
das ist die hohe Kunst. :||

3. Laternchen, Laternchen,
du strahlst auf mein Gesicht.
||: Wir zwei sind stets verbunden,
ich folge deinem Licht. :||

Index (Lieder alphabetisch):

DIE CD ZUM BUCH

Kati Breuer: **CD Sankt Martin ritt durch Schnee und Wind
- Die 25 schönsten Laternenlieder**

DIE Laternen-CD zu Sankt Martin für alle Kindergruppen und zu Hause!

Stimmungsvoll arrangiert und gesungen von Kati Breuer und mit vielen fröhlichen Kinderstimmen. **Mit den 25 bekanntesten traditionellen sowie neuen Laterne-Liedern** u.a. von Elke Bräunling, Kati Breuer, Lieselotte Holzmeister, Stephen Janetzko, Peter Janssens, Detlev Jöcker, Richard Rudolf Klein, Rolf Krenzer, Klaus Neuhaus, Paul G. Walter und Rolf Zuckowski.

Zielgruppe ca. 2-9 Jahre/ Spielzeit ca. 66:17 min. Best.-Nr. 91033-284 / ISBN 978-3-95722-059-2

Zusätzlich erhältlich als Instrumentalausgabe:
Kati Breuer: CD Sankt Martin ritt durch Schnee und Wind - Die 25 schönsten Laternenlieder - Instrumental (Karaoke-Version)
Best.-Nr. 91033-285 / ISBN 978-3-95722-062-2

Stephen Janetzko (Herausgeber)

Mit einer 20-minütigen MC „Der Seebär" fing alles an, heute sind es weit über 600 Kinderlieder, die der gebürtige Hagener Liedermacher bereits auf über 35 CDs und in zahllosen Liedsammlungen veröffentlicht hat. Viele davon, wie „Hallo und guten Morgen", „Augen Ohren Nase", „Das Lied von der Raupe Nimmersatt", „Hand in Hand", „Ritter Kunibert" oder „In meiner Bi-Ba-Badewanne", werden heute vielerorts gesungen - in Kindergärten, Schulen und überall, wo Kinder sind.

... mehr Info, mehr CDs, mehr Lieder & Noten:
www.kinderliederhits.de

... noch mehr Martinslieder:

Stephen Janetzko & Freunde

CD EIN BISSCHEN SO WIE MARTIN

22 Lieder zum Laternenfest & Sankt Martin

Neue & alte, stimmungsvoll arrangierte Martins- & Laternenlieder von & mit
Stephen Janetzko

Alterszielgruppe ca. 2-9 Jahre/ Spieldauer ca. 66:03 min.
Best.-Nr. 91033-276, ISBN 978-3-941923-92-8

INFO & SHOP: **www.kinderliederhits.de**
© SEEBÄR-Musik (Labelcode LC 05037)

... noch mehr Herbstlieder:

Stephen Janetzko & Freunde:
CD Der Herbst ist da
- Die 25 schönsten Herbstlieder -
Eine randvolle, kunterbunte Liedersammlung von der Erntezeit über Halloween bis zum Laternenfest.

Alterszielgruppe ca. 2-9 Jahre/ Spieldauer ca. 66:36 min.
Best.-Nr. 91033-286, ISBN 978-3-95722-063-9

INFO & SHOP: **www.kinderliederhits.de**
© SEEBÄR-Musik (Labelcode LC 05037)

www.ingramcontent.com/pod-product-compliance
Lightning Source LLC
LaVergne TN
LVHW060402200726
843506LV00003B/286